まだハタチ、もう二十歳。

なえなの

KADOKAWA

はじめに

こんにちは！ なえなのです。
この度はこの本を手に取っていただき
ありがとうございます。

生まれてから今まで
あっという間な20年間でしたが、
もう二十歳か……。とも思うし、
まだハタチ。人生これからや。とも思います。

いろんな意見が飛びかう世界ですが、
この本で　二十歳の〝今〟のなえなのの
意見や考えを知ってもらえたら
嬉しいでございます。
みんなの人生に幸あれ！

なえなの

CONTENTS

COLUMN

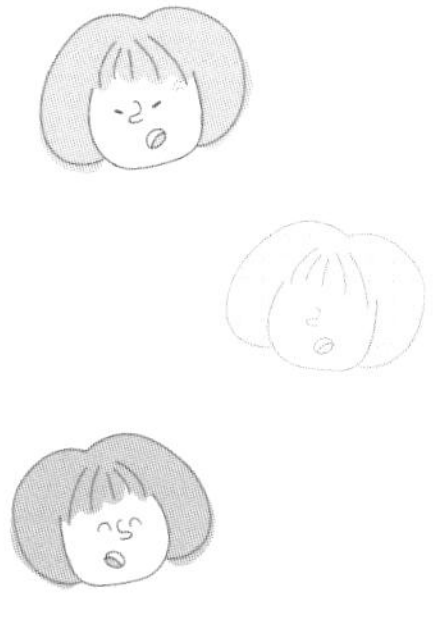

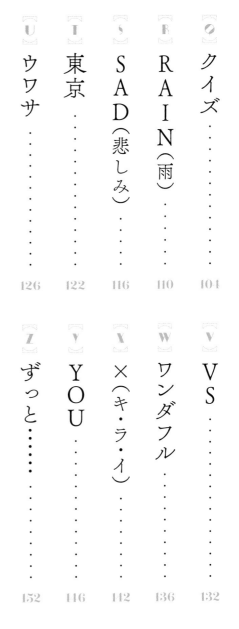

Naenano's
26 Keyword

—

A to Z

なえなのをつくる26のキーワード

19歳から20歳へと移り変わる瞬間にいるなえなのが今、
考えていること。思っていること。伝えたいこと。
それらすべてをA to Z、26のキーワードに振り分けてお届けします♡

Keyword A

AGE20

2021年の1月14日に私は20歳になるんだけど、この本のタイトルにもあるように、まだハタチ、もう二十歳……これが今の気持ちです。小さい頃は、20歳になると見た目も考え方も完全に大人になっていて、しっかりとした人間になっているものだと思ってた。でも実際に20歳が目の前に見えてきた今、私は見た目も中身も全然コドモのまま。想像していた20歳とはほど遠い……(笑)。19歳から20歳になるのは大きな差があると思っていたけど、自分の中ではその差はあまりなくて。でもハタチというものが特別だということは、なんとなく分かる。

まだハタチ、もう二十歳。

一般的には20歳は大人と認められる年齢で、お酒も飲めるようになるし、いろいろとできることも増えてくる。でも私にとっての20歳は、ギリギリコドモで、ギリギリ大人……そんなあいまいなバランスの年齢。人間は歳をとる生き物だけど、今日のこの現時点は自分が生きている人生の中ではいちばん若い日。だから何歳だから……と気にせずに自分のしたいことをいつでもできる人間でありたい。いつまでもはしゃいでいたい！　10代を振り返ってひとことで表すと〝波瀾万丈《はらんばんじょう》〟。それがいいとか悪いとかではなく、とにかくバタバタしてた。だからといって20代をのんびりと過ごしたいわけではなくて、20代はいろんなことをいっぱい経験しながら、まっすぐ前を見て駆け抜けていきたい。20歳はその一歩目であり、私の新しいスタート地点。

Keyword
B

バンド

中学生のときにラジオでふっと流れてきた曲がRADWIMPSの『リユニオン』という曲。その曲を聴いたとき、ピピピッと体に電流が走ったみたいな感覚になった。もちろんRADWIMPSのことはもともと知ってはいたけど、この曲は友情がテーマの歌で、歌詞がめちゃくちゃよくて、なんだかすごく気分が上がったんだよね。これが、私

がバンドを好きになったきっかけ。バンドだけに限らず、音楽って、曲って、歌って、落ち込んだときに気持ちを落ち着かせてくれたり、そっと包み込んでくれたりするよね。悩みがあるとき、誰にも相談できないときってあるけど、そんなときに音楽は自分から話さなくても心に寄り添ってくれる。歌詞に耳をすませる

だけで、なんだか癒やされる。辛くても友達と一緒にいられなくて1人でいるしかできないときは、好きなバンドの曲に支えてもらってる。ちなみに、激しい洋楽ロックバンドよりも、明るい感じの邦ロックが好き。歌詞が深かったりすると、なおさら好きっ。

Keyword

コンプレックス

誰しもコンプレックスのひとつやふたつ、きっと持っていると思う。私にも、もちろんある。SNSをはじめる前までは、自分はなんのとりえもない人間だと思っていて、それがコンプレックスでもあった。でも、今のお仕事をはじめてみて、SNSと出会って、ちょっとずつだけど自分にもできることがあるのかも……って自信がついてきた。そしたら、自分のことをほんの少し、好きになった。そして、今までは弱さを人に見せずにコンプレックスとかを１人で抱えていたけれど、ちょっとずつ人に素直に話せるようになったら心が軽くなった。

何が言いたいかというと、コンプレックスって何かをはじめたり、何かを変えたりするだけで、そんな簡単なことでプラスになったりするってこと。自分のことを嫌いになるのは辛いから、

コンプレックスさえも愛したい。

12
1
2
3
4
5
6
7
11

きれいごとかもしれないけど、ほんとそう思う。コンプレックスを愛せる人間になりたいし、みんなにもなってほしい。

Keyword

D

ダイエット

私の場合、ダイエットをして人生が変わった。だって、いろんなお洋服が着れるようになって、おしゃれが楽しくなったから。高校生のとき、けっこう太っている時期があって、たしか50kgとかあったと思う。そのときは脚を隠すお洋服ばかり着ていて、おしゃれを楽しむというよりは、脚を出さないことだけを考えていたんだよね。だから高3の終わりくらいからめちゃくちゃダイエットをがんばって、約9kgヤセたの。そのとき久しぶりに脚を出すお洋服を着たら友だちに「脚を出すようになったね、いいね」って言われて、すごいうれしい気持ちになった。

まだハ
り二十歳。

食べることは大好きだし、できれば食べたいだけ食べて生きていきたいけど、それをちょっと我慢することによって別の幸せが得られる。我慢している瞬間は辛いけど、それを乗り越えれば別の幸せがやってくるって知れたから、ダイエットをがんばれる。

無理なダイエットはダメだけど、かわいくなるための健康的なダイエットは自信をくれるのだ！

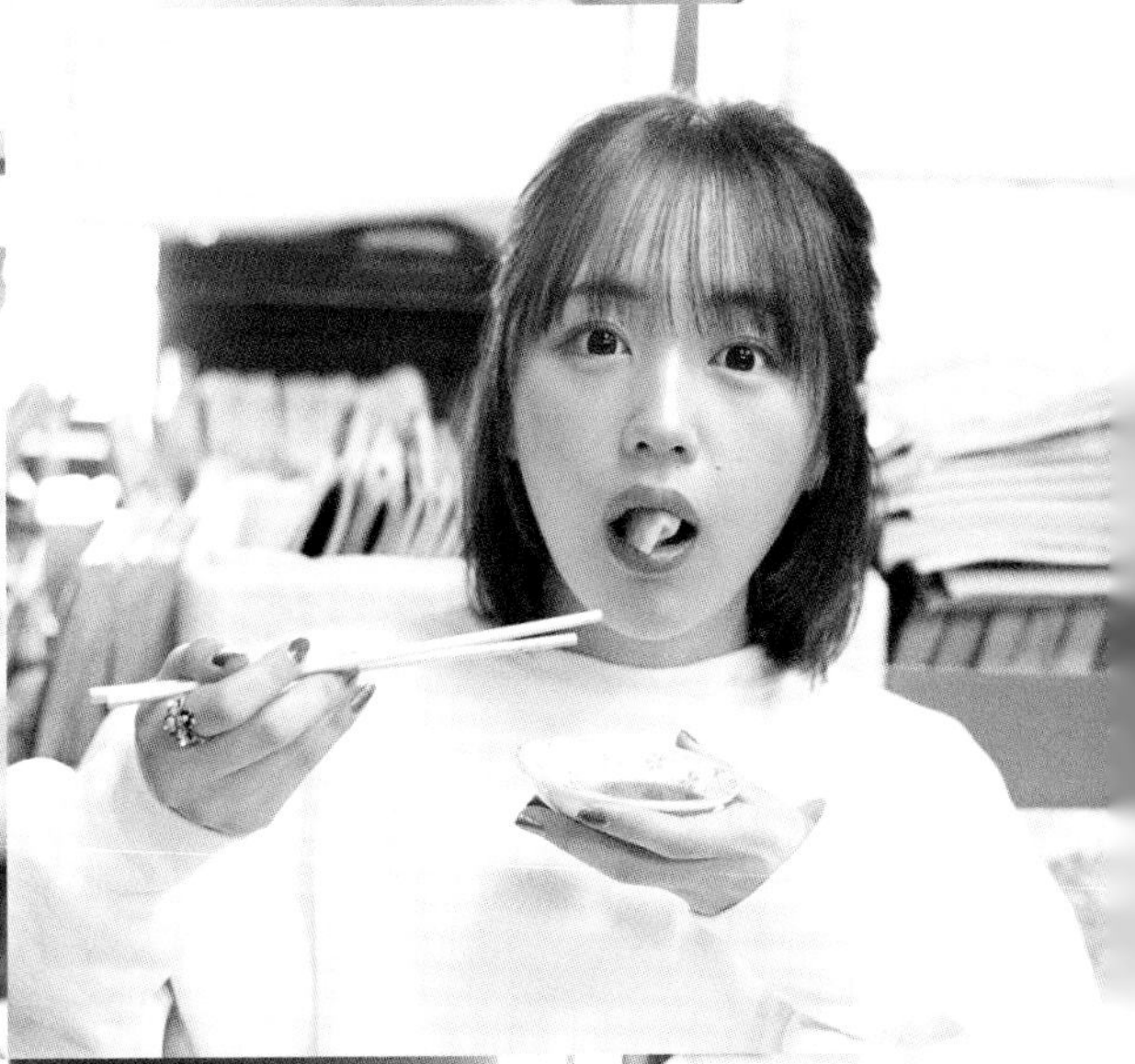

Keyword
E

エネルギー

いいコメントも悪いコメントも、両方とも私にとってのエネルギー。「がんばってね」とか「かわいい」とか、応援してくれるコメントは本当にいつもうれしくて、辛いときのエネルギーになる。反対に「かわいくない」とか「似合ってない」とかのマイナスのコメントは、傷つかないといったらウソになるけど、じゃあもっとかわいくなろう！　似合うように努力しよう！　っていうがんばるエネルギーになる。スタイルブックを出したときや雑誌『ＬＡＲＭＥ』の表紙になったとき、けっこ

う批判のコメントがきたの。でも、それがダイエットのモチベーションになったし、そのおかげでヤセることができてまわりから「かわいくなった」と言ってもらえた。もちろん、悪いコメントばかりでは辛くてやっていけない。でも、いいコメントばかりでも自分のダメなところに気づけない。だから、私にはいいコメントも悪いコメントも

必要なの。それが絶対的なエネルギーになるから。よくファンのコに「エゴサするの?」って聞かれるんだけど、めちゃくちゃするわ。めちゃエゴサしてる(笑)。それに、みんなのコメントも見てるし、いいねもするよ。ただときどき、自分以外の人が傷つくようなコメントもあって……それはね、消す。そういうのは、エネルギーにはならないから。

Nanano
+ Energy

Keyword F

古着

古着との出会いは、中学3年生のとき。当時、地元に大きな古着屋さんがあったんだけど、なぜかそこが〝こわい〟ってウワサがあって。その古着屋さんは2階建ての大きなお店で、いつの時代のものか分からない洋服がたくさん置いてあるうえに、2階は真っ暗で不思議な雰囲気がただよってたからそんなウワサがあったのかもしれない。でも実際、その古着屋さんに行ってみたら、店内に

かかっている音楽はちょっと不気味だったけど、お店自体の雰囲気は全然こわくなくて！　それよりもたくさんの古着がどっさりとあちらこちらにある感じが楽しくて仕方なかった。普通の服屋さんだと洋服はハンガーにかかってキレイに並べられているけど、古着屋さんでは無造作に置かれているって感じで、その中から自分の好みのお洋服を探す感覚がまるで宝探しみたいだった。

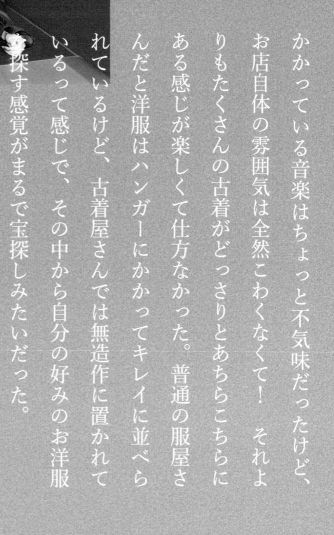

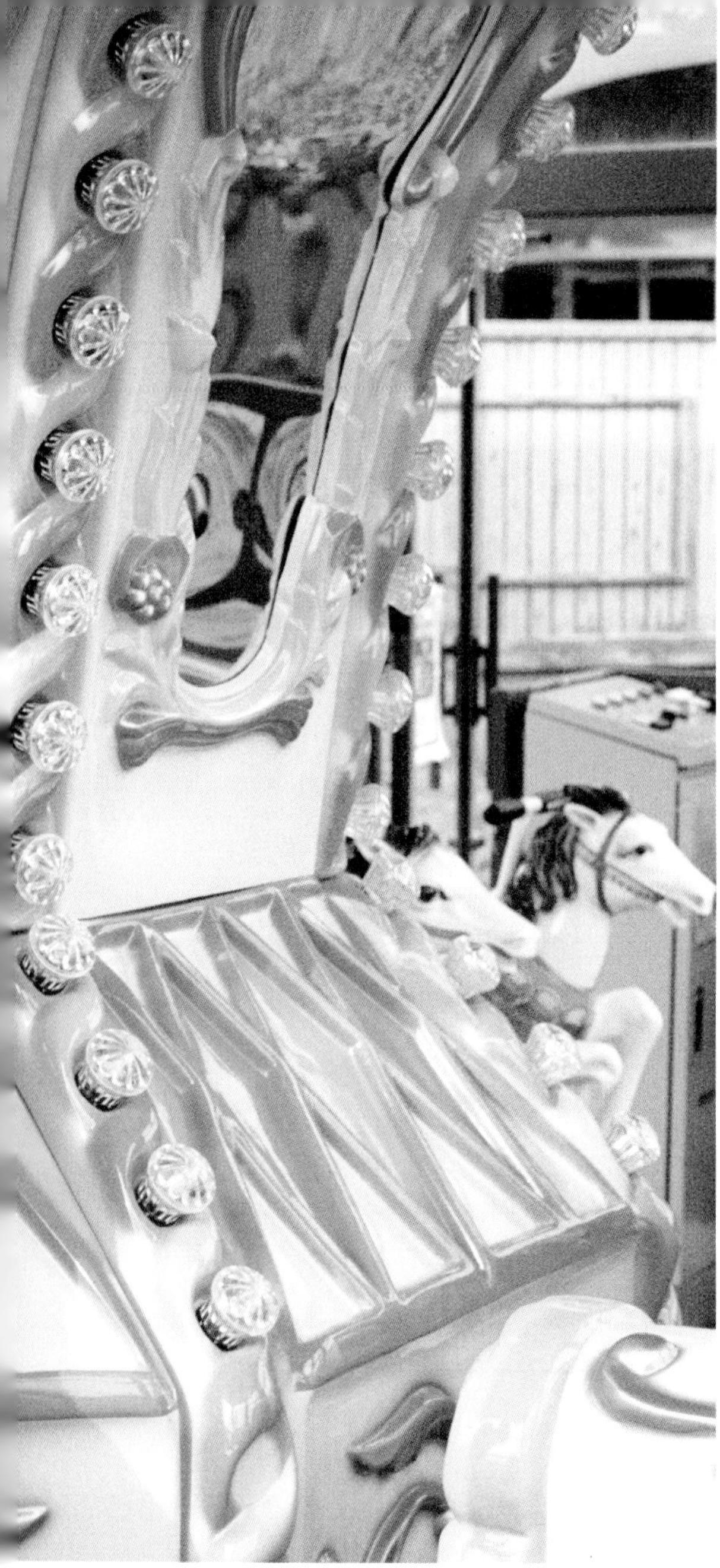

古いけど新しい
それが古着の魅力

そのときから古着が大好き。なんていうのかな、いろんなところを旅してきた服がめぐりめぐって自分と出会ってくれるっていう奇跡。そういうのがたまらなく好き。ちなみに私が古着を選ぶ基準は、シルエットかな。冬になると古着屋さんでいろんなスウェットを買うんだけど、オーバーサイズで首がつまっているものが大好き！　ハイネックだったりすると最高。古着なら

ではの独特な風合いもいいよね。あとは、アウターも買う。古着は1年中好きだけど、冬のほうが好きなお洋服と出会う機会が多いのかも。古着ファッションは、いつもとちょっと違う特別な気分になれるおしゃれだと思ってるから、これからもやめるつもりはありません。むしろもっともっと好きになると思う……。まわりと被らないっていうところも、古着を好きな理由のひとつだよ。みんなもぜひ、トライしてみてください♡

コーフン
トルコ
ラオス

Keyword
G

GOD(神様)

小さいときからいいことがあるといつも「神様、ありがとうございます！」っていう気持ちで空を見上げてた。勝手なイメージなんだけど、神様って空の雲の上にいて、白いヒゲとかはやしてる、やさしそうなおじいちゃん。ある意味、仙人……みたいな？ そんな神様がいつも空の上から私のことを見守っているから、悪いことをしそうになったときは「あ、神様が見ているからやめよう！」って気持ちになるの。神様には何かをお願いするというよりは、何かいいことがあったときにお礼をするっていうことが多い。あとは、がんばる宣言もする（笑）。

たとえば新しいお仕事をはじめるときとか「これからこんなことをがんばるので、見守っててください！」とか。神様がちゃんと見守ってくれるって勝手に思うだけでもがんばる気持ちが強くなる気がするの。自分に言い聞かせてるだけかもしれないけど、頼りになってくれている存在だから、

これからも私は、空の上の神様に
感謝し続けるのだ。

空の上には神様がいて
空の下には私がいて
いつでも見守られている
そんな気持ちでいられるから

今日も明日も明後日も
まっすぐ前を見て生きるんだ

Keyword H

働く

私の座右の銘は〝好きなことをして生きる〟。高校を卒業してアパレルで働いたことは、いい経験にはなったけど決して好きなことではなかったからめちゃくちゃ辛かったし、しんどかった。自分はなぜこれをしているんだろ

う……って毎日思いながら働いてた。そのあと、アパレルを辞めてYouTubeの仕事に切り替わってから、誹謗中傷をたくさん受けて、アパレルのときと同じくらい辛いことがあったけど、これは好きなことなんだからがんばろうという気持ちで乗り越えられた。

働くってどんな仕事でもがんばらないといけないけど、それが好きなことならなおさら。好きなことならどんなに辛くても私はがんばろうという気持ちにス

イッチできる。だから好きなことを仕事にして、毎日一生懸命働いて生きていたい。ちなみに私には働くうえで絶対にゆずれない仕事のルールが2つある。

1つ目は、調子に乗らない。
2つ目は、まわりの方に感謝する。

この仕事は、顔がまわりにどんどん知られて有名になると調子に乗ってしまう人もいると思う。でも、どんなに有名になっても自分がえらいわけではないから調子に乗っちゃいけない。そして、ひとつの作品をつくるうえで、たくさんの人が関わってくれている。自分1人では何もできないかもしれないけど、まわりにはいろんな人の力があるから、成立している。そのことを忘れたくないし、忘れちゃいけない。そんなことを考えながら今日も働きます。好きなことを仕事にして、がんばるのだ。

Keyword 1

イクラ

まだハタチ、

二組合
次は札幌!!!
北海道新幹線
いつも ご利用頂き
ありがとうございます!!
函館朝市駅二組合
塩干魚卵
塚本
田中
BOULDER

イクラって、はじめて食べたときからずっと好きな食べ物。プチプチしていて、キラキラしていて、見た目もかわいいけど、味がとにかくおいしいから大好き。死ぬ前に何が食べたい？と聞かれたら、

「イクラ」と答える!!

それぐらい愛しています♡

Keyword

J

女子

女子って生き物は、面倒くさい生き物だけど、私にとっては大きな味方。女子ってね、なんだかんだ強いよね。勘もいいし、生きていくうえでいろいろと器用。高校のとき、クラスで33人中32人が女子だったんだけど、自分がそのクラスに入るまでは嫌で嫌で仕方なかった（笑）。だって女子ってネチっこいし、裏もあるし、ほぼ女子ばっかりのクラスって絶対にヤバいって思ってた。でも、そのクラスが女子ばかりだったおかげで、女子のことが大好きになったし、女子といるのがすごい楽しいってことを知れた。あー、女子っていいじゃーん♡ってなれたのは、あのときのクラスのおかげ。

あとでみんなに聞いたら、ほぼ全員が私と同じで仲よくなるまでは不安だったみたい。それが女子って生き物。実際、一緒にいてこんなにも心強くて、共感できる存在はいない。だから、今でも女子が大好きだし、自分が女子でよかったなぁって日々思ってる。もちろん、男友だちもいるけど、何かあって相談するとしたら絶対に女子。そう、やっぱり女子が好きなんです。

駐車場

Keyword
K
かわいい

〝かわいい〟の基準って人それぞれだから、自分の思う〝かわいい〟と人の思う〝かわいい〟は違って当たり前。だから、まわりが「それ変だよ」とか「似合ってない」と言っても、自分が〝かわいい〟と思っていることやものを変える必要はなくて、むしろその〝かわいい〟をもっと追求していいと思う。私にとっての〝かわいい〟は古いお人形。そして、〝かわいい〟と思う女のコは、ベビーフェイスで不思議な雰囲気をまとっているコ。ファンのコたちが私のことを〝かわいい〟と言ってくれたり、コメントをくれたりするとめちゃくちゃうれしいし、モチベも上がるけど、正直自分では自分を〝かわいい〟とは思えない。昔に比べたらちょっとはかわいくなったかもしれないけど、まだまだもっともっと、かわいくなりたい。

だって〝かわいい〟は正義だから！

女のコってみんななかわいくなるために努力していて、

かわいくなろうとしていること自体が〝かわいい〟もの。

だからみんなで一緒にもっともっとかわいくなろうじゃないか！

Keyword
L

ロンリー

夜、１人でいるときは不思議な気持ちになる。寝る前とか、とくに。きっと、こういう気持ちをロンリーと言うんだと思う。ロンリーになったときは友だちに電話をする。ひたすらしゃべって、気づいたら朝になっちゃうときもあるし、電話をしたまま寝落ちしているときもある。つまりね、

ロンリーな気持ちになったら
我慢はしません。

ふと、ぼっち感に包まれたら、友だちを召喚《しょうかん》するときもある。

自分はひとりじゃないって感じたいの。

もちろんたまに、本当にたまにだけど、頭の中がごちゃごちゃになってわーってなってしまうときは、1人になりたくなる。でもそれは、年に1回あるかないかの話で、ほとんどないなぁ。

基本、人間っていう生き物が好きなので。

ロンリーとは無縁でいたい。

私なんて消えても誰も悲しまないなんてことはなくて、結局誰かは自分のことを大事に思ってくれている。そう信じていたい。

Keyword

M

メイク

メイクって、武器だなーって思う。とくに私にとっては、武器でしかないって感じがする。見た目がかわいくなるっていうのもあるけど、気持ち的にもなんか強くなるんだよね、メイクをすると。たぶんだけど、自分に自信がつくからなんだろうな。実際、すっぴんで外を歩くのと、メイクをして外を歩くのとでは気持ちが全然違う！　メイクをすることでキリッとして、外で戦う準備ができる（笑）。

ちなみに、

私のメイクのこだわりは
まゆげとリップとチーク。

この３つだけは、どんなに時間がなくてもメイクする。まゆげを描くとすっぴん感が薄れるし、リップとチークを塗れば血色がよくなる♡ まゆげとリップとチークは私にとっての最大の武器なので、取り上げることはできません。

Keyword
N
なえなの

なえなのとは……と聞かれると答えに困るのだけど、ここはなえなのというキーワードなので、私についていろいろと語ってみるね。まず、好きな食べ物はイクラとオクラとチーズで、基本ボケーッとしている生き物。まわりからよく言われるのは、ふわふわしているけどわりといろいろと頭の中で考えていて、心にはかなり太い芯がある…なんてこと。食べ物に例えると、アメリカンドッグ、もしくは綿菓子みたいなものかな、たぶん(笑)。それとまわりの人には、マジメで慎重なタイプだから、たまに冗談が通じないとも言われる。自分ではあまりそう思わないけどね。性格的に自分で分かっているのは、負けず嫌いで、プライドが高いこと。それにマイペースで自由。あと、好きなものは好きだし、嫌いなものは嫌いって、自分の中での好き嫌いがとてもハッキリしているほう。それは人間に関してもそうだから、1回遊んでみて違うな……と思ったら、もう遊ばない。こうやって、嫌いな人に近づかないようにしてるから、私のまわりには好きな人しかいない。それってすごく幸せなことだよね。それと基本的に怒ることは少なくて、あっても年に1回か2回。怒るのは、大事な人を傷つけられたり、信じていた人に裏切られたりしたときだから、滅多にないんだけどね。ふだん怒らないだけに、怒らせるとけっこうこわいタイプだと思う（笑）。それから、ほめられると伸びるタイプ……と前にカメラマンさんに言われたことがあるんだけど、どんなにほめられても自分が納得していなければ全然うれしくないから、人にほめられるよりも自分で納得するほうが大切。とはいえ、もちろんほめられればうれしいので、どんどんほめてやってください（笑）。自分で納得することに重きを置いているから、こだわりの塊……なんて例えられ方をするときもあるんだけど、それはちょっとくすぐったい感じ。プライベートでは、サプライズをするのが大好き！　人をよろこばせることが好きだから、友だちの誕生日とかはサプライズで超盛り上げたいの。好きな人がよろこんでいる顔が、何よりも大好物だからっ！　さぁ、ここまで読んで私のことをよく知ってもらえたでしょうか？　こんななえなのですが、これからもどうぞよろしくお願いします！

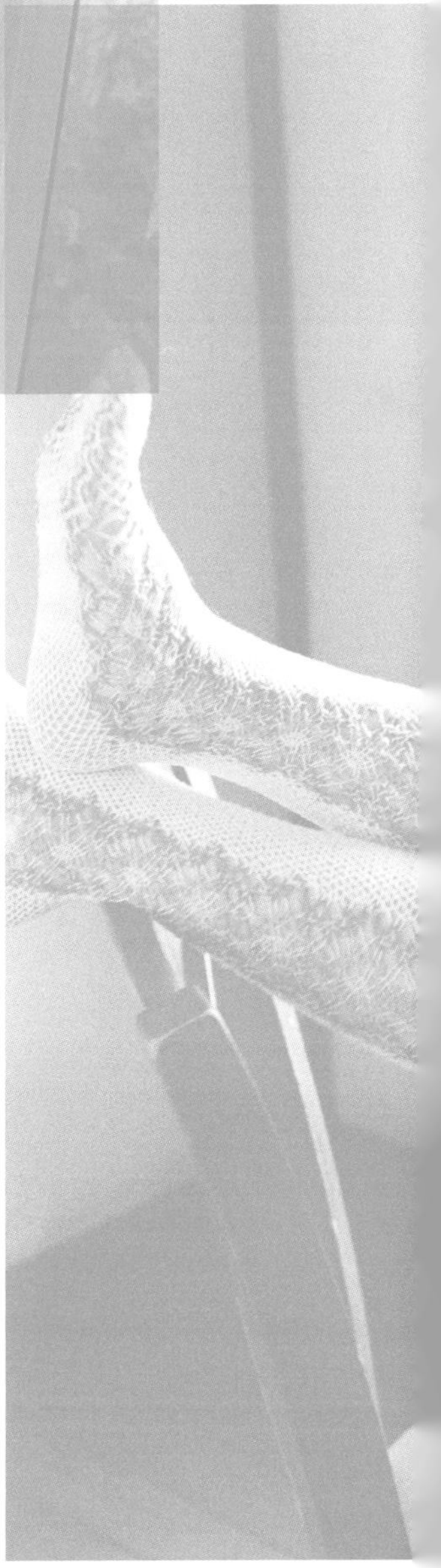

ふわふわしているけど
わりといろいろと
頭の中で考えていて、
心にはかなり太い
芯がある……と思う。

Keyword

おじいちゃんへ

20年間、なえの成長を見守ってくれてありがとう
毎朝、学校に行くなえを見送りしてくれたこと
なえが泣けば、必ず泣き声を聞きつけて慰《なぐさ》めに来てくれたこと
コンビニに行くときは作業用の三輪自動車になえを乗せて
たくさんチョコを買ってくれたこと
大好きなイチゴを頻繁《ひんぱん》に持ってきてくれたこと
おこづかいをたくさんくれたこと

遅刻しそうなときは学校まで車で送ってくれたこと
上京してからは「ちゃんとごはん食べてるか？」って
たくさん電話をくれたこと
ここには書ききれないけど、幼い頃から
おじいちゃんがしてくれたこと
すべて鮮明に覚えてるよ
たくさんほめてくれて、ダメなことは
きちんとダメだと叱ってくれて
どんなときも
イチバンの味方でいてくれたおじいちゃんは
なえの恩人《おんじん》でヒーローです

おじいちゃんの育てるオクラが大好きだよ
元気に長生きしてね
世界でイチバンだいすき!!

なえより

なえなのが撮るプラベ写真館

なえなのが撮りたい気持ちになったとき、
そんな瞬間に撮ったプライベート感あふれる写真を
手書き文字と一緒に、こちらにご紹介♡

これ海にいるの〜 めちゃさむかった〜

朝はやかったから
移動中
ほとんど寝てた。

この水色のワンピース
めっちゃかわいい〜

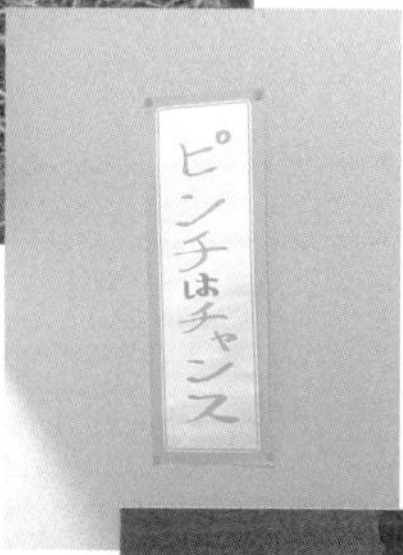
ピンチはチャンス

優しそうなおばあちゃんが
はこんできてくれました。

今までたべたラーメンの中で

塩ラーメン!

一番おいしかった

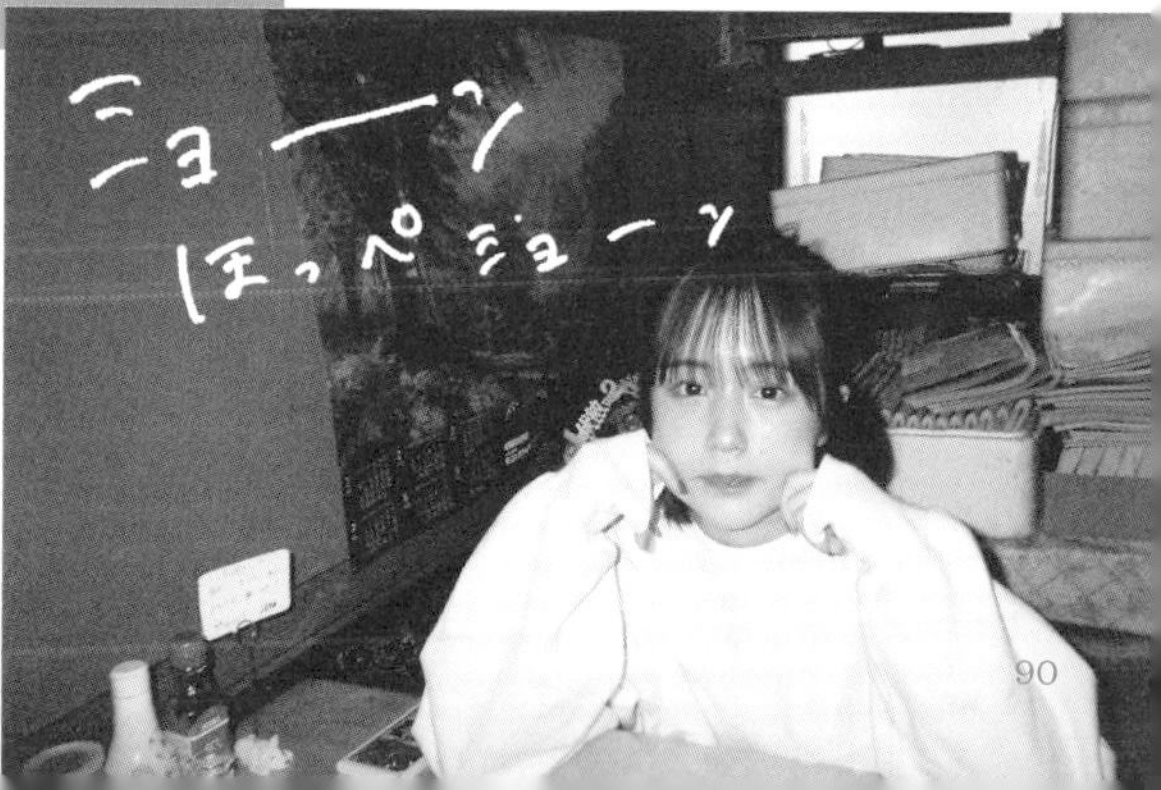
ショーン
ほっぺショーン

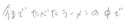

ジンギスカンとパシャーリ
肉しか。

お天気よかった

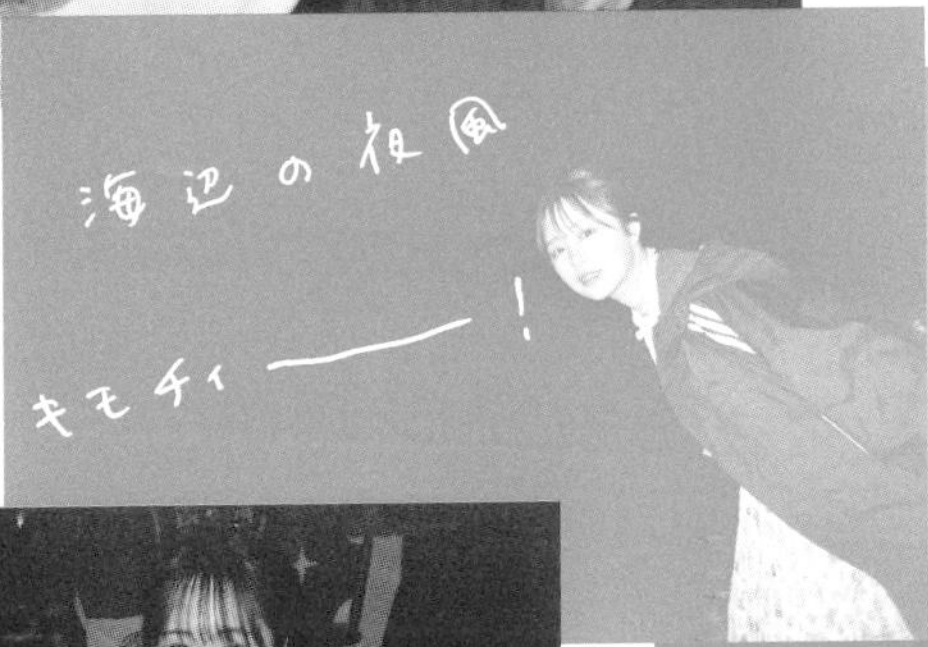
海辺の夜風
キモチィーーー!

この手についてる指輪
なくした。

むにっ

まえがみ命ドス

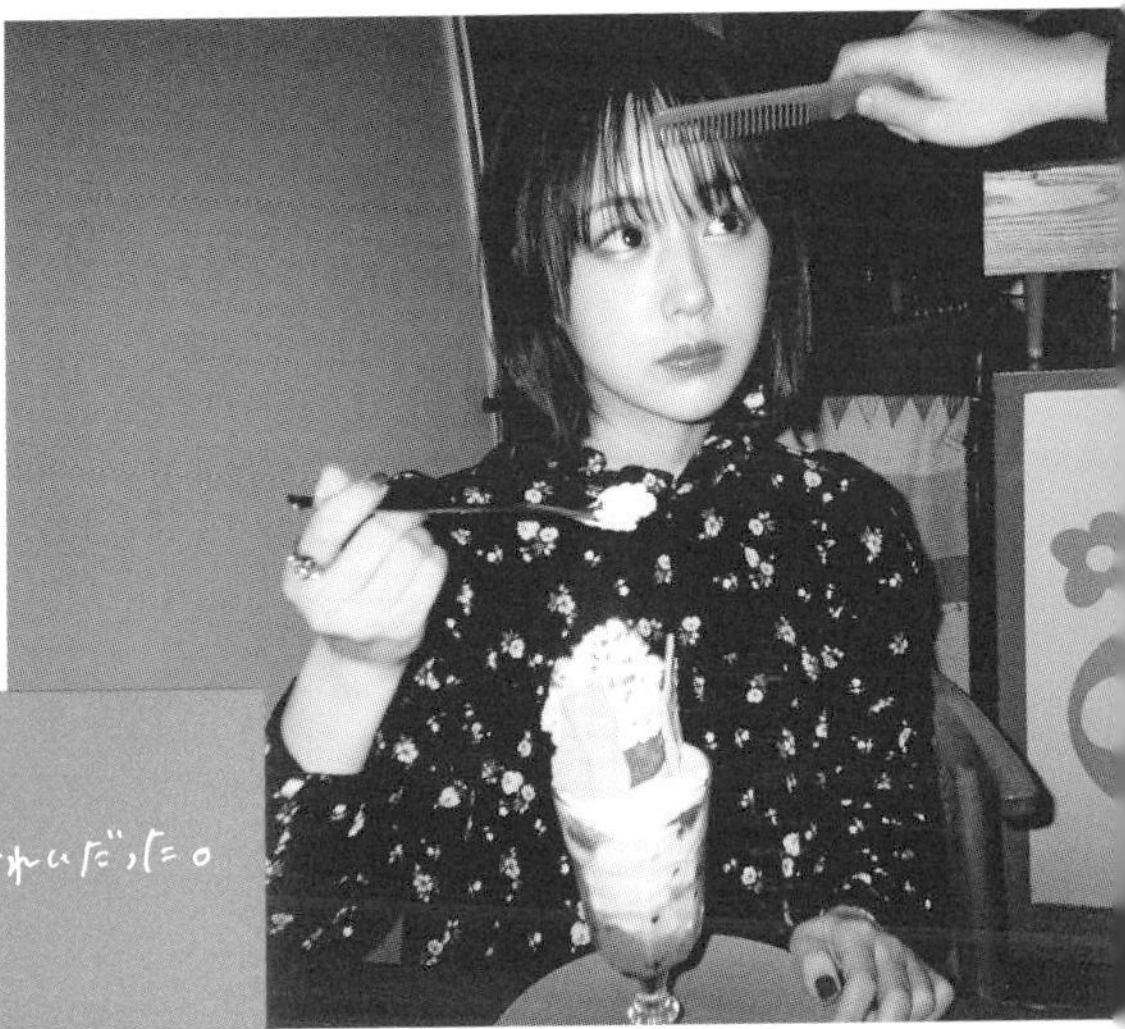

お食べ。

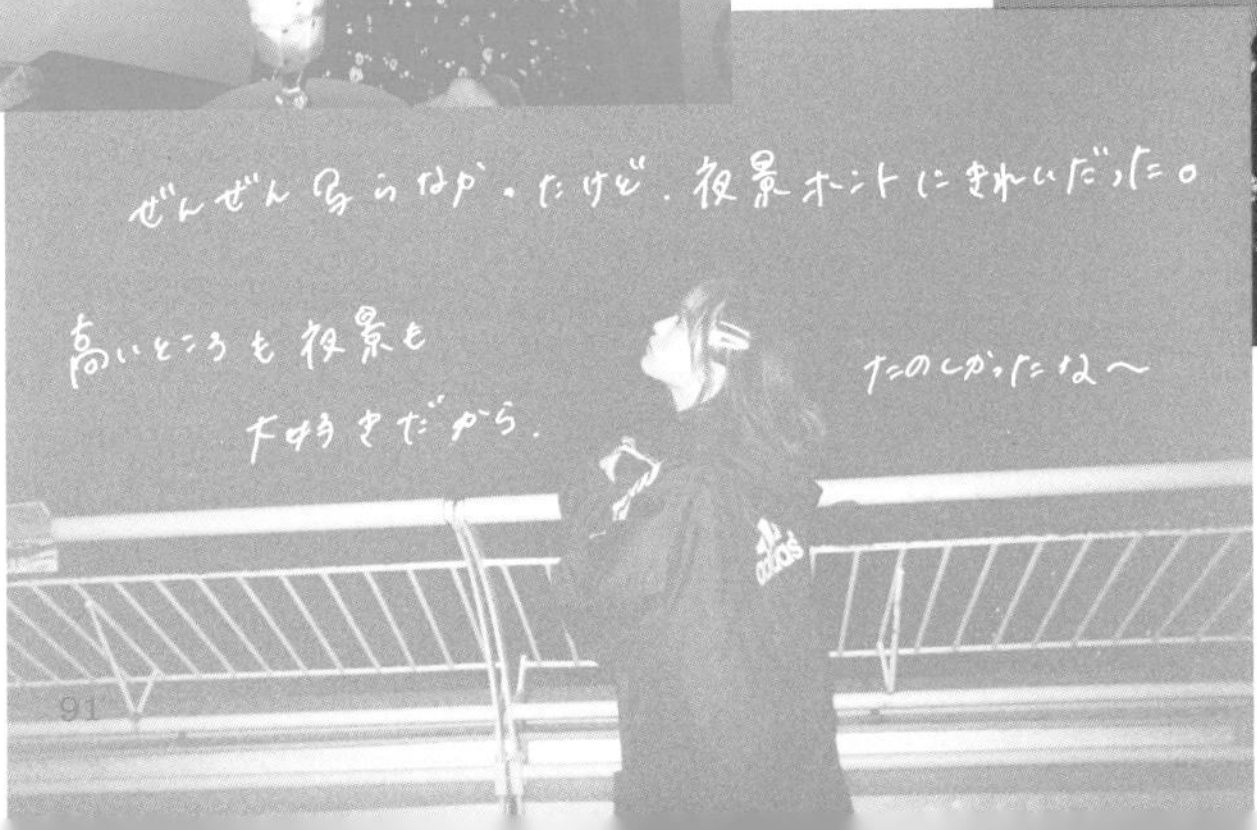
ぜんぜん写らなかったけど。夜景ホントにきれいだった。
高いところも夜景も
大好きだから。
たのしかったなー

カチューシャかわいい ☺ ♡

左の人は
カメラマンサンです

ピピピピピピ———ス！

くびの骨がホネホネしてる

本当においしかったなー。
東京でも同じ味が
たべれればいいのに。

ラッキーピエロにあった
でーっかいハンバーガー

マインクラフト大好きな少年。
何ポーズなんだろかわいい

レトロせんぷーき。
みどり色かわいい

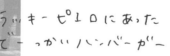

湯気すごくてオーラ出てるみたい。
強そう笑

絶景、だったなー
山山山ってかんじだった。

何を見てるのだろう…

ホテルの鏡でパシャリ

朝ご飯おいしかったなー。

パンダとの2ショ

TOWER
RECORDS

さむすぎて
キャンプで
バーベキュー
楽しめる
光農園では
を楽しめる
ホキー
顔やばい笑
メロディーロード

モエモエ
キュン

ゾーサン ゾーサン おーはなが

ながいのねっ

悩める若者を救え♡

＃教えてなえなの先生

Twitterで募集した＃教えてなえなの先生の中から
いくつかをピックアップして、なえなのがお答え♡
タメになる（?）回答をじっくりとご覧ください。

1回浮気されたら、1回浮気し返してもなんの問題もないですか？（21歳・♂）

いやいや、問題は大いにあります！　浮気されたなら、その辛さは自分で分かっているはず。自分が嫌だと思うことは、人にすべきではありません。

いじめられてはいないけど心を開ける友だちがいないです。なえちゃんは本当の友だちってどうやってつくりましたか？（15歳・♀）

心を開ける友だちがいないってことは、自分も心を開いていないってことだと思う。私の場合、たくさん会って、心を開いて、一緒の時間を過ごすことで本当の友だちができたよ。直感でこのコと友だちになりたい！　と思ったら、まずは自分の心を開いてみよう。

人生山あり谷ありって言いますが、高校卒業してから谷しかなくて困ってます。どうしたら山にめぐり会えると思いますか？（19歳・♂）

夢中になれることや、夢を見つけることができたら、その先に山がある！　私はそう信じてる。

好きな人ができません。恋愛してなさすぎて好きという感情すら分からなくなりました。好きってなんですか？　彼氏が欲しいけどどうすればいいですか？（17歳・♀）

難しい質問だけど、好きって無理してなるものではないし、彼氏は無理してつくるものでもない。だからいつか、好きって思える人があらわれるまではおとなしく待っていよう♡

推しが尊すぎます。現実で恋愛がほど遠くて光が見えません。私のきらきらな高校生活、どこにあるか分かりませんか？（17歳・♀）

この推しとは私のことかしら？　きらきらはどこにあるか分からないけど、言えることはひとつ。青春したまえ！

SNSで知り合った人のこと、会ったこともないのに好きになるのってどう思いますか？（16歳・♂）

現代的で、全然よいと思います♡　もちろん会ってみないと分からないこともたくさんあるとは思うけど、どんなかたちであれ好きになることはステキなこと。いつか会うってことを目標に好きでいればいいんじゃないかな。

彼氏は、会うと甘えん坊なのにLINEではとても冷たいです。どうすればいいですか？（15歳・♀）

これは、素直に言えばいいんじゃないかな。LINEがそっけなくて悲しいから、もう少しやさしく返してほしいって。声に出さないと伝わらないことってあるから、伝えてみて♡

学校の10分休憩に何をしてましたか？？？（17歳・♂）

いつも早弁してた（笑）。だからお昼やすみは、購買のパンを食べてたよ。

好きな人って必要かな～？（14歳・♀）

好きな人がいるといろいろと楽しいけれど、今ほしいと思っていないのなら、必要ない！　無理しないで大丈夫♡

高校に入ってからLikeとLoveの境目が分からなくなりました。どういう気持ちがあればLoveになりますか？（16歳・♀）

Likeは一緒にいて楽しい人で、Loveは一緒にいなくてもついつい考えてしまう人。極端に言うと、Likeな人とは結婚できないけど、Loveな人とは結婚できる！　これで答えになってるかな？

前の好きな人を忘れるためにはどうすればよい？（14歳・♀）

私の場合、女友だちと毎日会って、さみしいと思う時間をつくらないようにする。1人になるとついついその好きな人のことを考えちゃうから、考える時間がなくなるぐらい女友だちとおいしいものを食べて、幸せなことだけをする！

女性って誕生日にどんなことを言われるとうれしくなりますか？　また、何をもらいたいと思いますか？（17歳・♂）

言われてうれしいのは「この先もずっと一緒にお祝いしよう♡」とか！　私はそう言われたらうれしいな。プレゼントはなんでもうれしいと思うけど、自分が欲しいと口に出していたものを覚えていてくれて、それをもらったらめちゃくちゃうれしいと思う。あ、手紙は絶対につけましょう♡

好きな異性の服装、教えてくださーい！（15歳・♂）

ストリート系♡　スケボーとかしてそうな服装、好きです。

仲のいい友だちと好きな人が被ってしまいました。でも友だちは私と好きな人が同じだってことは知りません。今は気まずくて話せません。どうしたらいいと思いますか？（17歳・♀）

なんかドラマみたいだね。でも、正々堂々と友だちに話したほうがいいと思う。かくしていることで気まずくなるんだから、ちゃんと「実は同じ人が好き」ってことを言おう。大事な友だちなら言うべきだし、向こうも分かってくれるはず。

すぐ好きになって、すぐ飽きてしまう。恋って難しい…。（13歳・♀）

私も中学生くらいのときはそうだったよ。でも、本当に好きな人に出会えば、飽きるなんてことはないので、あまり深く考えず、いつかおとずれる大恋愛を楽しみにしましょう！

最近かくれんぼですぐ見つかっちゃうんですよ。どうすればいいですか？（13歳・♂）

カーテンの中にかくれるのはどう？　あと見つからないコツとしては、息をひそめること。ってか、私、かくれんぼのプロじゃないんですけど（笑）！

バナナはおやつに入りますか？（14歳・♂）

入ります！　でも私はバナナアレルギーなので、入れません！

香水をもらったのですが、どこにつけるのがいいですか？　ふんわり香る感じで。（16歳・♀）

手首、首もと、背中。ここにつけると、ふんわりと香りがして、いいと思う♡

授業中、睡魔に襲われます。なえちゃんならどうしますか？？（18歳・♀）

隣の席のコに顔か背中を叩いてもらって、カツを入れてもらう！　私はそうしてた！

太鼓の達人、やりませんか？（15歳・♂）

太鼓の達人は好きなんだけど、一生懸命太鼓を叩いている姿を見られるのはちょっと恥ずかしいので一緒にやるのは遠慮しておきます♡

高校で友だちができるか不安です。人見知りなんですが、話しかけるコツとかありますか？（15歳・♀）

勇気を出して「どこの中学から来たの？」とか「趣味は何？」とか、相手が答えやすい質問をしてみるといいと思う！　自分からどんどん人に声をかけていれば、まわりのコも「あのコ、話しやすそう」と思ってくれるはずだから。

もうすぐテストで、すぐ勉強に飽きるんですがどうやったら効率よく勉強できますか？（17歳・♂）

図書館に行くのがオススメ。まわりがみんな勉強しているから、しなくちゃいけない気持ちになるし、スマホの通知をオフにすれば集中できると思う。

部活を引退してから体重が8kg増えました。卒業旅行までに元に戻したいので、おすすめのダイエット法を教えてください！（18歳・♀）

炭水化物を減らす！　お米とパンを減らすだけで、全然違うと思うよ。あとは、卒業旅行まではお菓子を食べない、そして買わない！

どうして靴下って片方だけなくなるんですか！！！（20歳・♂）

分かる（笑）。でもいつもう片方が姿をあらわすか分からないので、大事にとっておきましょう。

最近寒くなってきて新しい冬着を買いたいのですが、おすすめの古着屋さんとかありませんか～？（17歳・♀）

原宿のTARAMAKE、Banny、BerBerJinかな。TARAMAKEは安くていいものがたくさんあるし、Bannyはニットとスウェットがかわいい♡　BerBerJinは大好きなチャンピオンのスウェットが全カラーそろってる！

修学旅行で東京行くんだけど、バッタリ会えちゃったり…ってありますか？（16歳・♂）

かわいい♡　そうだね、東京は案外せまいから、もしかしたら会えるかもだね。でも、そんなことよりも、修学旅行を楽しんでね！

自分とほかの人をすぐ比べちゃう癖があるんですけど、どうしたら直りますか？（13歳・♀）

私もめちゃくちゃ比べます。でも、自分は自分の味方でいたいから、人と比べて自分がダメだ…と落ち込むことはないかも。いろんな人が世の中にはいるから、比べてしまうのは仕方ないけど、きちんと自分で自分の味方をしてあげてね。

ファンにどんなことされたらうれしいですか？　なえちゃんがしてもらいたいことをできたら私も幸せなので！（13歳・♀）

コメントやDMをくれたり、YouTubeの感想をくれたり、かわいい加工画や動画をつくってくれたり…今してもらっていること以上にしてほしいことはないってくらいに、十分幸せです♡　ありがとう。

Keyword
P

プレーンとノーマル

プレーンとノーマルって似ているようで違う。素材《プレーン》のままなのか、ふつう《ノーマル》なのか……。YouTubeをはじめてよく言われたのが「しゃべりかたが変」ってこと。人には変なしゃべりかたなのかもしれないけど、私はずっとこのしゃべりかたで生きてきたし、それが私にとってはふつうだったから、そんなことを言われてちょっと傷ついたりもしたけど、直そうとは思わなかった。だって、それこそしゃべりかたは自分の素材だから。

ふつうって、まわりが決めること
ではないし、私にとってのふつうは、
私だけのもの。自分の持っている
素材を殺してまでふつうでいる
必要はないと思う。

それに、みんなのふつうが一緒だったらつまらなくない？　常識は常識として必要だけど、ふつうは人それぞれでいい。自分の持っている素材をどんどん生かして、どんどん磨いて、他にはない個性を出していったほうが絶対に楽しい。だからさ、ふつうなんて気にしない。私は私の素材を大事にして生きていたい。

Keyword

クイズ

さて、ここで突然ですがクイズです（笑）。前に山之内すずちゃんと一緒にやったもので、以心伝心クイズ……というものなんだけど、出題側が「犬＋サンタは？」と問題を出して、その答えを回答者が想像して答えるってもの。これはね、問題がヘンテコであればあるほどおもしろい！ ちなみにこの答えは〝トナカイ〟なんだけど、どうして？ なんで？ とか常識的なことを考えたらつまらないの。心さえ通じ合っていれば、

まだハタチ、もう二十歳。

定員
2名

答えは自然とわかるので、相手の気持ちを読むということがイチバン大切。だからみんなにこのクイズを出すね。私のことを考えて、気持ちを読んで以心伝心してください♡

Q くじら＋森は？

もちろんヒントとかはなし！ インスピレーションで答えてね。ちなみに答えは次のページの左下にこっそりと書いてあるので、チェックしてみてね。こういうクイズって昔から大好き！
場が盛り上がるし、コミュニケーションにもなるし。それにね、
このクイズの答えが合っていたときは心が通じ合っているって
ことだから、一緒にクイズをした人との絆も強まる。
だからみんなもやってみてね！

答え 北海道

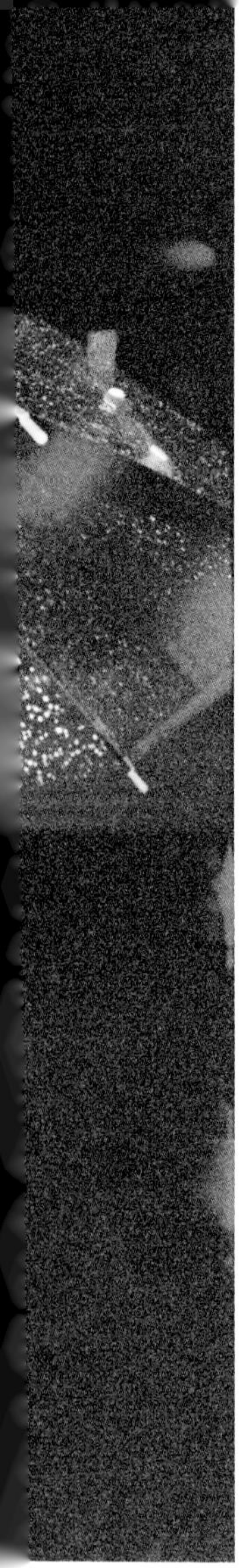

Keyword R

RAIN（雨）

正直、雨は好きじゃない。だって、湿気が多くなって、不快なんだもん。でも、雨の日に1日中家にいてボーッとする時間はすごい好き。部屋の電気をわざと消して、薄暗い空間でのんびりと好きなことをして過ごせるって、ものすごく贅沢《ぜいたく》だよね。ちなみに私の場合の好きなことはお掃除。なぜか雨の日はめちゃくちゃお掃除がしたくなる。雨と一緒に部屋の汚れも片付けてしまえば、心もすっきりするしね。あと、家の中から聞く雨の音も好き。雨の音を聞いていると落ち着くんだよね、なんか。

だから、
嫌いだけど
好きっていう、
私にとっての
特別なもの。

乗車口
Boarding position
車椅子乗降場所

魚市場通

ICAS

Keyword S

SAD（悲しみ）

最近わりと幸せで、悲しみを感じることってありがたいことにそんなにはないの。それは、今やりたいことをきちんとやれていて、友だちも増えて、人間関係が広がったから。それまではSNSの誹謗中傷に傷ついて、悲しむことも少なくなかった。心ない声に傷つきすぎたときは、街を歩いているときに「この人があのコメントを書いたのかもしれない」「あの人も同じことを思っているのかもしれない」って思えちゃって、そこらへんにいる人すべてがこわく見えてしまってた。でも、信頼できる友だちが増えて気づいたことがある。それは、結局のところ人間を傷つけて悲しませるのも人間だし、悲しんだ人間を支えて癒やしてくれるのも人間なんだってこと。

だから人間が好き。

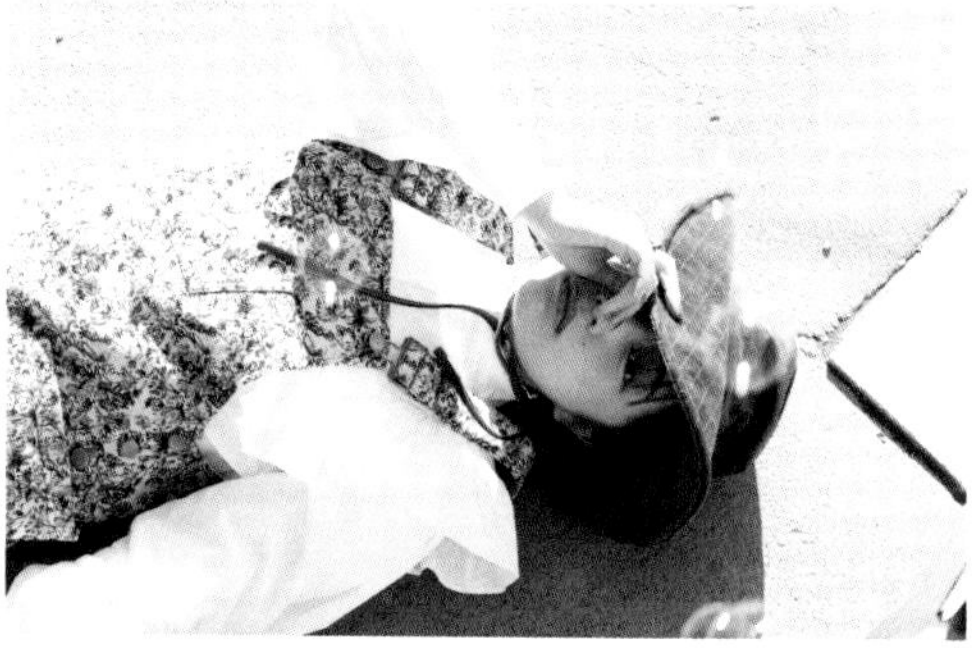

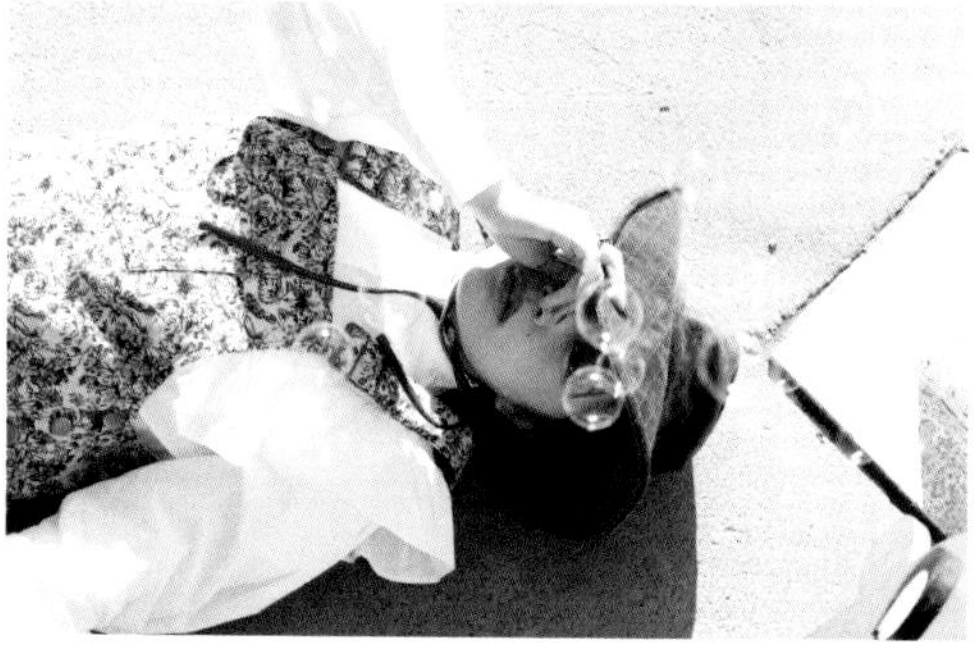

それにね、悲しみがあるからこそ、逆にささいなことを楽しいと感じられたり、うれしいと思えたりすることもある。悲しみを経験しなければ人間は強くなれないんだから、悲しみって必要なのかもしれないって思えるようになってきた。悲しみとの向き合い方も、昔よりは上手になったつもり。前は悲しみなんて早くいなくなれ、消えてしまえーって思うだけだったけど、今は落ち着いて受け入れることができる。悲しみというものを自分なりにいい方向に変える力がもっとつけば、人間としてまたひと回り大きくなれるかな。

Keyword I

東京

私が静岡から東京に引っ越してきたのは、2019年10月。最初は東京って、冷たい人が多くてどこもかしこもギラギラしていて夜になっても眠らない……そんなイメージだった。でも実際は、みんなやさしいし、ギラギラしているところもあるけれど、情緒《じょうちょ》あふれるところもあるし、楽しいところもいっぱいで、とにかく便利！　それにいろんな意味で、刺激的。静岡の実家で暮らしていたときは、いろいろと窮屈《きゅうくつ》だったから、東京には自由を求めてやってきた。それと、いろいろなことに

挑戦するために。東京に来れば、お仕事の幅も広げられると思ったの。東京はいいところだけど、たまに地元の空気を吸いたいなーってなることがある。静岡は空気がとても澄《す》んでいて気持ちがいいんだけど、東京はちょっと違う。なんだか空気がすっきりしていないというか……そこはまだ慣れていない部分。ちなみに最近、東京に来てから初の引っ越しをした。前よりもおうちが広くなって、交通の便もよくなったけど、なんだかちょっとさみしい。前のおうちに住んでいた１年間って

これまでの人生の中でもものすごい濃い時間だったから、その濃い時間を一緒に過ごしてくれたあの部屋は私にとって特別で、思い入れも深いから……。でもせっかく新しいスタートをきったことだし、今度はこのおうちで新たな思い

出をつくりたい。最後に東京で叶えたい夢を宣言するね。まずは友だちをいっぱいつくる！　あと、職業なえなのとして全力で生きる！　で、老後は地元とか落ち着いたところでのんびりと過ごせたらいいな〜。

Keyword U

ウワサ

世の中にはウワサがいっぱい。真実かウソなのか分からないのにウワサはどんどんひとり歩きする。でもね、世間に持ち上がっているウワサを基本、私は信じないし、ウワサに流されない。なぜ私がウワサを信じないかというと、中学生のときにいじめられていたって話を1冊目の本でも書いたんだけど、SNSでは私がいじめていた

8004

側だってウワサされていて、それがめちゃくちゃ悲しかった。いじめられて、いじめのこわさも辛さも知っている立場だからこそ、誰かをいじめるなんてことするわけがないのに……って。でもそんな証拠はどこにもないから、ウワサだけがどんどん広がった。ウワサって人を傷つけるし、少なくとも私は傷つけられた。でも、例えば私に関

するウワサがあって、それをいぐら私が
違うと言っても全員が信じてくれる
わけじゃないし、それは仕方のないこと。

本当のことを全員に
分かってもらうのは難しいから……。
でもね、これだけは言いたい。

信じるべきは、ウワサではなくて、
自分の目で見たもの、
そして自分が直接、
感じたこと。それだけ。

Keyword

VS

日々ダイエットをしているから食欲とはよく戦ってる。夜中にお腹がすいて、冷蔵庫にアイスがあるとしたら、食べたいって気持ちになるでしょ？　でも、このアイスをいま食べなくても死にはしないし、食べたら太るな、太ったらいままでのダイエットってどうなっちゃうの？　とか考えると、よし、朝起きていちばんに食べようって気持ちになる。つまりここ最近、食欲との戦いには勝っている。

VS 食欲

VS 睡魔

仕事から疲れて帰ってくると、睡魔がガーッと襲ってくる。でもこれから動画の編集をやらなくてはいけない。そうなると睡魔との戦いがスタートするの。負けそうになったときは「動画、

楽しみに待ってるね」と言ってくれる人たちの声を思い出す。そうするとどんなにしんどくても、どんなに白目をむいちゃってても、がんばろうって思えるから。みんなの声がサポーターとなって、私を睡魔に勝たせてくれるの。1人だったらきっといつも惨敗《ざんぱい》してるから、睡魔に勝てるのは応援してくれているみんなのおかげ！

なえなの
勝てん

VS物欲

物欲だけには勝てません。ごめんなさい。欲しいと思ったら、わりとすぐ迷わず買ってしまうタイプで、それによって失敗することもたまにある。試着が苦手でいつも試着せずに買うからかな（笑）。でも買い物は直感だから！　物欲に負けて、自分に似合わないものを買ってしまったときは友だちにおゆずりする。シェアするのだ。それならお洋服たちも悲しまないしね。物欲との戦いにいつか勝てる日は来るのかな。まだ想像はつかないけど、物欲には負けてもいいかなって思ってる自分がいる……。だって、物欲のためにがんばって働くのだから♡

Keyword
W

ワンダフル

今回、この本の撮影で久しぶりに北海道に来たんだけど、改めて北海道ってワンダフル！って思った。まずは景色、とくに高いところから見る夜景が最高で、やっぱりここが好きだなぁって再認識した。東京の未来的でギラギラとした夜景もキレイだけど、北海道の夜景は見惚《みと》れるといった感じ。種類がまったく違って、今の私には北海道の夜景が心に響いた。そして、北海道のワンダフルなところで次にあげたいのは、食べ物♡ もう、すべてがおいしすぎて食べるたびにワンダフル！ って心の中で叫んでた（笑）。ちなみに北海道のラブな食べ物1位はイクラ。2位はジンギスカン。3位は函館名物、ラッキーピエロのチャイニーズチキンバーガー。このバーガーは初めて食べた味

だからうまく表現できないんだけど、カリカリのチキンとうまみのある甘辛いタレがおいしすぎて衝撃をうけた。そして、北海道は人の温かさもワンダフル。撮影中、いろんな方が声をかけてくださって、それがとてもありがたかった♡　もともと大好きな北海道だったから、この場所で撮影したい……と提したのは私だけど、今回の旅でもっともっと好きになってしまった。北海道isワンダフル。ワンダフルな地で、たくさんの写真を撮ることができて私は本当に幸せ者です。

Keyword X

×（キ・ラ・イ）

マヨネーズ、
こわい人、
虫、
運動、
お鍋に入っている分厚い長ねぎ、
生の玉ねぎ、
ココナッツ、

雨の日のおでかけ、
寒い日の自転車、
待つこと、
甘い生クリーム、
わさび、
ピクルス、
ポイ捨て、
紙タバコのにおい、
自分のことばかり話す男のコ、

ネチネりした
嘘をつく女のコ、
モスキート音、
勉強、
試着……

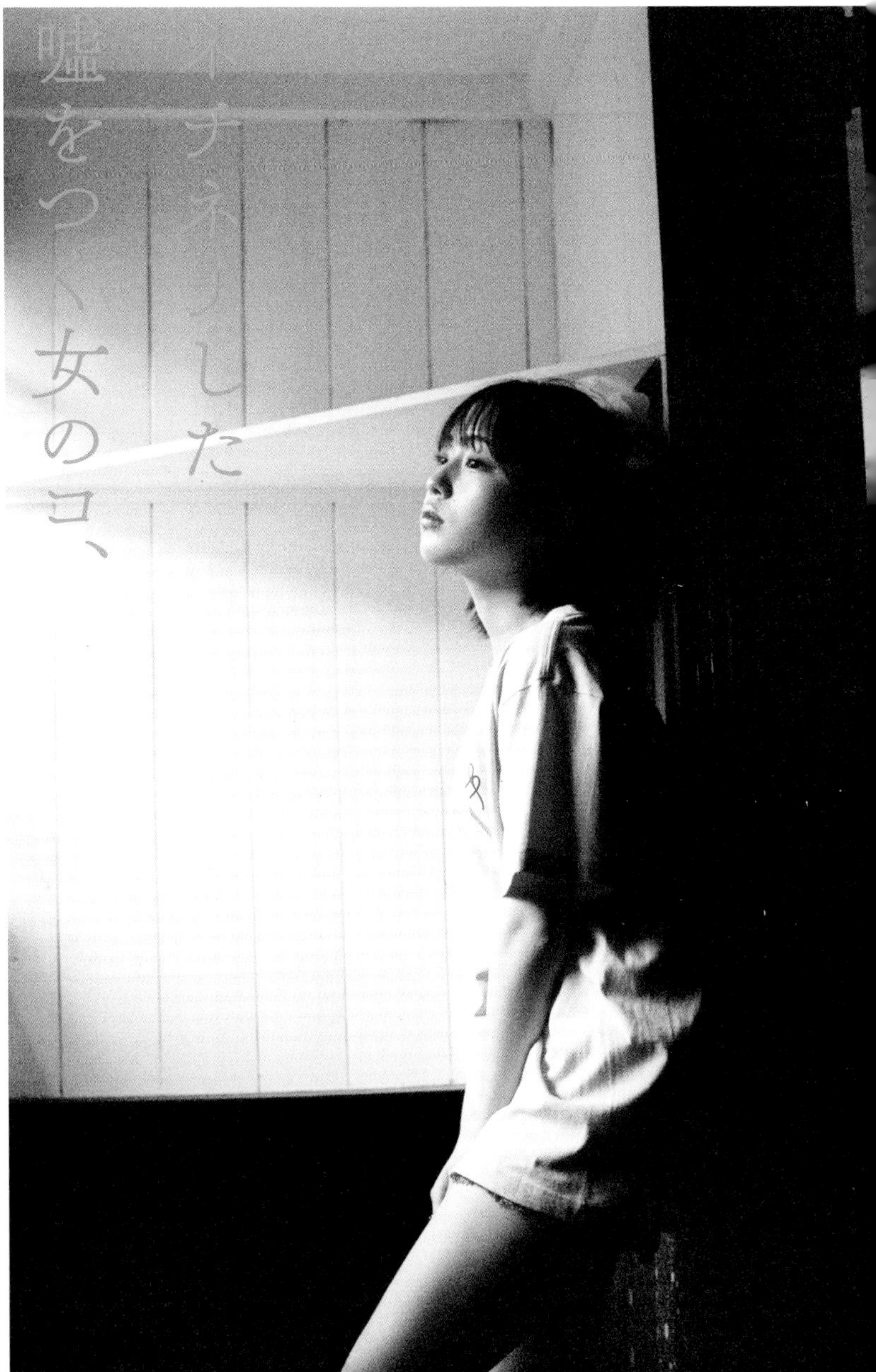

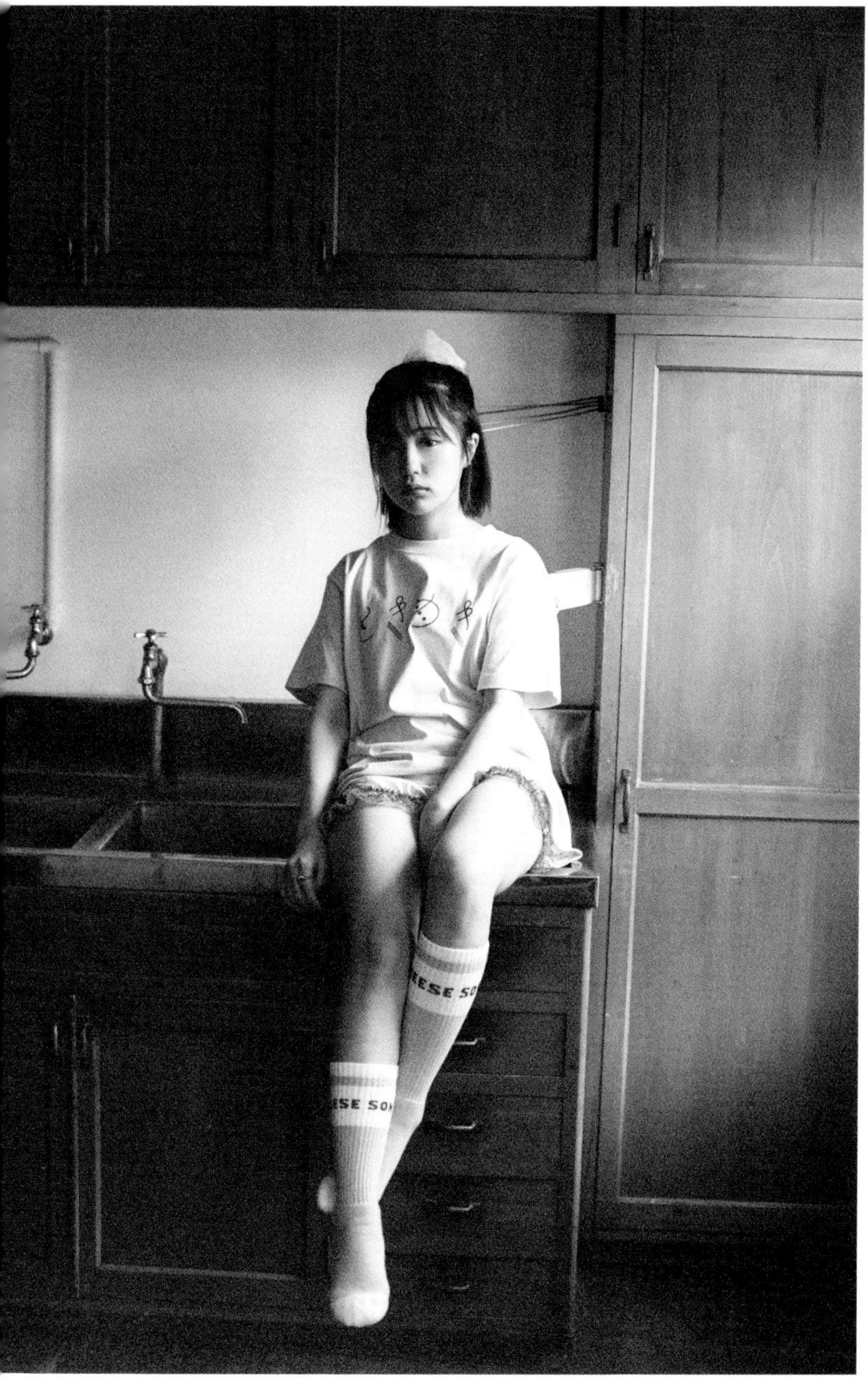

私って、意外と
嫌いなものがたくさんあるね（笑）。

Keyword Y

YOU

YOU、つまりあなたとは、この本を手に取ってくれたあなたのこと。私のことを応援してくれているごんちゃん(ファン)のこと。私の職業はあなたがいないと成り立たないし、あなたがいてくれるおかげで私はいろんなお仕事をさせてもらっている。ただのなえから、なえなのになれたのはあなたがいてくれたからこそ。私のファンの人たちって、中身も見た目もかわいくて、ファン同士でも仲がいいし、全体的に距離感がとても近い。血のつながりはないけれど、家族みたいで、絆がすごく強い。そこがたまらなく好きだし、私にとっては自慢。コメントでもよく「今日はこんなことがあったよ」って1日の報告をしてくれるコが多い。いいことがあった日も、悪いことがあった日もそのことを共有し

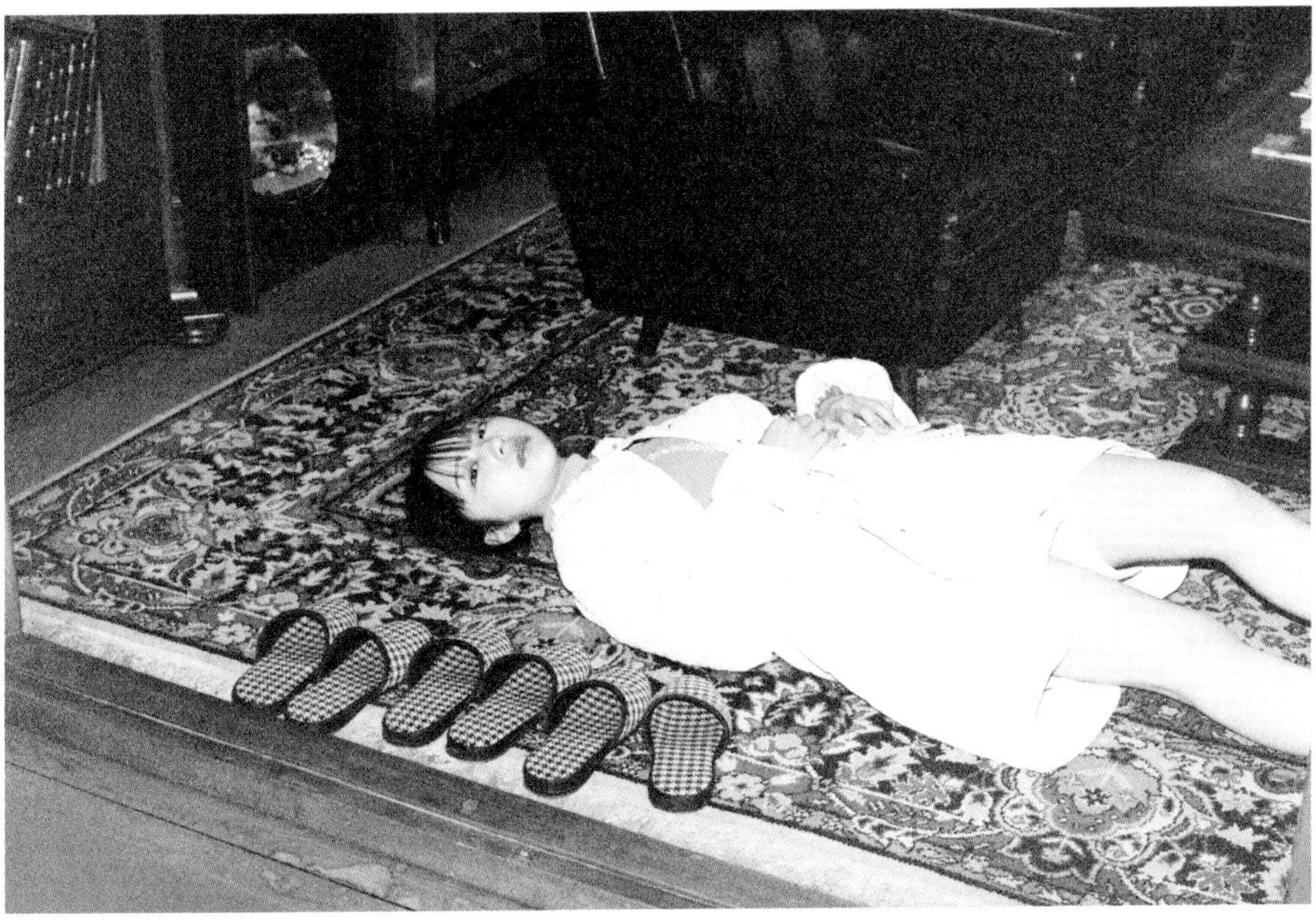

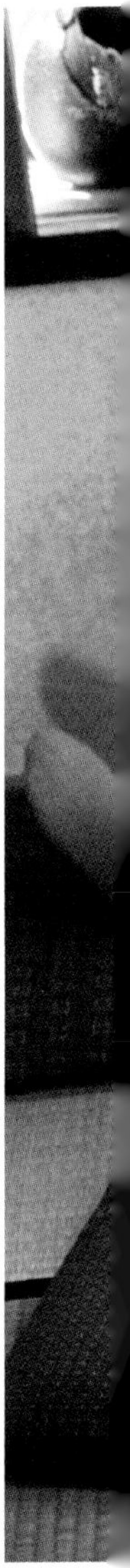

ているとと、みんながんばって生きているんだって感じることができて、私自身の励《はげ》みにもなる。だから逆に私の動画を見て、それがあなたにとっての励みになれたらいいなって心の底から思ってるんだ。自分が支えられているぶん、あなたのことを支えたい。たくさんの恩があるから、あなたには恩返しをしたい。そんな気持ちでいつもあなたのことを考えているよ。そしてこの先も、私にはあなたがいないと絶対にダメです。家族と同じくらいあなたは私にとっていてくれないと困る存在なのだから。結局のところ、何が言いたいかって……あなたには365日24時間いつでもありがとうと愛してるでいっぱいってことなのです♡　これがあなたたち、みんなへの素直な気持ち！

ずっと……

AからZまでいろんなキーワードについて語ってきたけど、ついにこれで最後。まずはここまで読んでくれてありがとう。本を出版するのは2冊目だけど、1冊目の『なえなののほん。』は自己紹介本のようなもので、ここまで自分の考えを細かく発信したのはこれが初めて。私のことを好きでこの本を手にとってくれた人には、私の中身をより深く知ってもらえたと思うし、そうじゃない人でも19歳から20歳に移りゆく1人のとある女のコの考えがのぞけるおもしろい1冊になったんじゃないかな。写真にも文章にも今の私の素《す》がいっぱい表現されているので、じっくり何度も見返してほしい。

これからもずっと
ずっと
ずっと……

なえなのを
好きでいてください
私もみんなが大好き♡

私はこの先もずっとファンのコとニコイチで進んでいきたい。そうしないと恩返しできないから。ずっと寄りそって、支え合って、この先にある未来をみんなと一緒に歩いていきたい。

ねぇ、みんな、　最後にもう一度だけ言わせてください。これから先もずっとずっとなえとニコイチでいてね♡　約束だよ！

To be continued… ♥

おわりに

まだハタチ、もう二十歳。を読んでくれて
ありがとうございます。こうしてスタイルブックに
続き、本を出すことができてウレシイです。
本当にいつもありがとうございます。
何歳になっても自分らしくいたいな！自分を大切に。
嬉しいこと、楽しいこと、悲しいこと、苦しいこと、
たくさん経験して強くなろうね。
応援してくれるみんなが大好きです。
これからもよろしくおねがいします。

なえなの

NAENANO

YouTubeやTikTokなどでマルチに活躍するインフルエンサー。SNSの総フォロワー数が300万人超。雑誌『LARME』復刊号でカバーガールを務めて話題に。2021年1月14日で20歳をむかえる。
Twitter : @naenano78
Instagram : @naenano0114
TikTok : @naenano / @naenano78
YouTube : なえなの

STAFF

撮影／川島小鳥

スタイリング／都築茉莉枝(Jstyles)

ヘアメイク／山田季紗(Superbly)

コーディネート／佐藤悠輔(ワークスロケーションクルー)

マネージメント／上田悠一郎(GROVE)

アートディレクション／タキ加奈子(soda design)

デザイン／竹尾天輝子(soda design)

校正／麦秋アートセンター

編集協力・文／安藤陽子

編集／佐々木健太朗(KADOKAWA)

まだハタチ、もう二十歳《はたち》。

2021年1月14日　初版発行

著者　なえなの
発行者　青柳 昌行
発行　株式会社KADOKAWA
〒102-8177
東京都千代田区富士見2-13-3
電話0570-002-301(ナビダイヤル)
印刷所　凸版印刷株式会社

●お問い合わせ
https://www.kadokawa.co.jp/(「お問い合わせ」へお進みください)
※内容によっては、お答えできない場合があります。
※サポートは日本国内のみとさせていただきます。
※Japanese text only
定価は表紙に表示してあります。

ISBN 978-4-04-896930-7 C0095

SHOP LIST

ミキオサカベ　03-6279-2898／HEIHEIラフォーレ原宿店　03-6447-0771／Kangol Headwear　03-6805-1272／スクリーンショット(JINJIN ISLAND、Double Lovers)、レインボーシェイクプレスルーム(Treat Urself、poppy tokyo)03-6778-0920／DECO depuis 1985　050-3592-4710／one spo　03-5474-1211／HONEY MI HONEY　03-5774-2190／merry jenny　03-6840-5353／Dear Sisterhood　03-6432-9484／原宿シカゴ原宿店　03-6427-5505／原宿シカゴ竹下店　03-6721-0580／Barrack Room　03-6416-9129

※この情報は2020年12月15日現在のものです

SPECIAL THANKS

一花亭 たびじ、金森赤レンガ倉庫、函館ラッキーピエロ、CASANOVA、ROMANTiCO ROMANTiCA、茶房 菊泉、函館公園 動物施設、函館公園 こどものくに、北斗市 きじひき高原、函館グルメ回転ずし 函太郎、中華 西園、函館山ロープウェイ、函館朝市、函館市電